KB162160

지식산업센터 💡

자주묻는
질문
50개모음집

아.투.연 소책자 1탄

지식산업센터

자주 묻는 질문 50개 모음집

아파트형 공장 투자연구소 스텝

도정국, 장영광, 임원재, 박시형 지음

강경훈 감수

청춘미디어

—— 66 ——

부동산을 사기 위해
기다리지 말고 사놓고 기다려라

-T.harv Eker

—— 99 ——

프롤로그

지식산업센터투자에 대한 모든 것

안녕하세요. 아파트형공장 투자연구소(이하, 아투연)입니다. 소책자를 선택해주셔서 진심으로 감사드립니다. 이 소책자는 아파트형공장 투자 연구소 대표인 도정국 대표님과 지식산업센터 입지 분석을 하며 실전투자를 하고 있는 장영광 대표 그리고 다양한 법규와 회계 관련 일을 하는 임원재 회계사가 공동으로 집필한 책으로 단순 지식 나열이 아니라 구체적인 경험담과 사례가 들어있습니다. 지식산업센터에서 실입주를 하시거나 투자를 하시려는 분들의 질문을 지난 1년 6개월 동안 귀담아듣고 저희도 모르는 부분은 찾고 물어보면서 알아가고 있습니다. 저희 아투연 스텝들 또한 지식산업센터에 터전을 잡고 사업을 하면서 투자도 함께하는 실전 투자자들이다 보니 공감되는 부분도 있고, 뭔가 궁금했는데 구체화되지 않았던 질문들과 이번 1년 6개월 간의 카페에 올라온 글들을 정리해 보면서 다시금 새롭게 배우게 된 내용들도 많이 있습니다. 그동안 지식산업센터에 대해서 그동안 모르고 계셨다면, 아마도 정리한 42개의 자주 묻는 질문과, 실전 투자와 다양한 법규를 정리하여 만든 것이 큰 도움이 될 것입니다.

아파트형 공장 투자연구소 스텝
도정국, 장영광, 임원재, 박시형, 강경훈

—— 66 ——

세상에 배신하지 않는 두가지가 있다
강아지와 부동산

- 아투연 스텝일동

—— 99 ——

목차

지식산업센터 자주묻는 질문 50개 모음집

부록

— 66 —

세상의 90%이상의 부자들은
항상 부동산을 통해서 되었다

- Andrew Carnegie

— 99 —

Q1

시세차익보다는 못해도 최소 3년 5년 이상 보유하면서 안정적으로 임대수익을 얻을 수 있는 지역은 어디일까요?

지식산업센터 자주묻는 질문 50개 모음집

A1 : 좋은 질문입니다. 누구나 알고 있듯이 안정적인 것은 역시나 서울과 주요 경기권입니다. 수도권에서도 역에서 가까울수록, 좋은 입지에 있을수록 안정적입니다. 안정적인 임대료를 확인하기 위해서는 평당 임대료를 머릿속에 알고 있어야 합니다. 보통 구로디지털단지를 기준으로 하면 평당 임대시세는 3.5~4만 원입니다. (임대료 = 분양평수 x 평당임대료, ex) 분양평수 20평(실평수 10평) x 평당 임대료 4만원 = 80만원) 구로디지털단지에서 사업을 할때 실평수 10평을 쓸 경우 80만원으로 생각하시면 됩니다. 가장 임대료가 비싼 성수동은 평당 임대료가 5.5~6만 원입니다. 즉, 10평을 쓰는데 110~120만 원을 생각하시면 됩니다. 하지만 동일지역 내에 역세권과 비역세권을 단순 비교하면 임대료 대비 시세가 비싸져 수익률은 떨어집니다. 역에서 멀고 입지가 좋지 않을수록 공실위험이 높아지기 때문입니다.

Q2

지식산업센터에서 수익률이 안정적이고 높은 곳과 매매가 상승 기대치가 높은 곳이 있을 텐데요. 물론 둘 다 좋으면 좋겠지만, 각각 높은 곳은 어디일까요?

A2 : 두 마리 토끼를 다 잡을 수 있는 수익률 30%대에 평당가 400만 원대의 지식산업센터는 2015년도 전후였습니다. 당시에는 매매가가 낮았지만 월세는 높았기에 20~30%수익율이 정말로 가능했습니다. 하지만 지금은 10% 내외 수익률로, 원하시는 임대수익과 시세차익을 두개 다 가져가기는 힘듭니다. 임대수익률이 상대적으로 높은 구로/가산의 경우 핵심 입지인 문정, 성수보다는 시세차익이 오르지 않습니다. 문정, 성수의 경우 월세에 비해 가격이 많이 올라 수익률은 상대적으로 낮습니다. 그 외에 서울 외 수도권의 주요 지역도 시세차익의 기대치에 비해 수익률이 높은 편입니다. 다만, 너무 서울에서 멀거나 배후수요 그리고 주변의 산단이 대기업으로 잘 갖추어지지 않고 공급이 많은 수도권의 경우에는 아예 임대가 맞춰지지 않습니다. 임대료로 계산한 임대수익률이 높더라도 오히려 공실로 인한 피해를 볼 수 있습니다. 그래서 아투연에 상담을 주시는 분들에게는, 1억이 있다면 하나는 월세가 바로 나오는 매매건을 서울에 두고 추가 하나는 수도권의 가장 핫플레이스에 분양권 두어서 두개를 안정적으로 가지고 가시는 것을 추천해드립니다. 실제로 저희 아투연 스텝들도 이렇게 투자와 실입주를 하고 있습니다. 실입주를 도와주고 있는 임회계사 님의 영상이 도움이 되실 겁니다.

Q3

지식산업센터 매수 시 사업자등록증을 내는데 개인사업자가 있으면 실업급여가 안나온다고 합니다. 현재 분양권이 있는 경우 실업급여를 못 받나요?

A3 : 개업 연월일을 준공 이후인 예상입주 연월일로 하시면 됩니다. 준공일 이후 2달 정도 뒤에 하시면 됩니다. 예를 들어, 2022년 2월 완공이면 2022년 4월에 등록을 하면 됩니다. 이렇게 하는 경우 아직 개업한 상태가 아니므로 실업급여를 받으시는데 문제가 없습니다. 자세한 문의는 노동청에 한 번 더 문의해주시면 됩니다.

Q4

용인에 분양 받은 지식산업센터가 입주를 시작하고 있는데요. 처음 분양 받을 당시 직접 입주를 하고자 했으나, 사업 여건상 현재 임대로 있는 곳의 계약을 연장하고 입주를 받은 곳을 임대로 전환하고자 사업자등록증도 수정을 한 상태인데요. 대출 상담을 받아 보니 직접 입주해야 금리혜택 및 대출 한도가 더 좋더군요. 혹시 직접 입주 하는 걸로 진행하여 대출을 최대한 받고 실제 입주 시 임대를 줄 경우 대출 부분에 있어 문제가 될 수 있는지요?

A4 : 지식사업센터는 실입주 기업이 안정적으로 안착하기 위해 대출을 지원해주는 부분입니다. 그래서 어떤 분들은 투자가 목적임에도 사업자등록증에 임대업을 넣지 않고 대출을 받는 경우가 있었습니다. 아투연이 가능하면 실입주분들의 실거주를 추천해드리는 이유입니다. 다만, 최근에는 은행에서 실사를 나와 사업을 실제로 하고 있는지 확인하는 것을 여러차례 보았습니다.

참고) 지식산업센터계의 피터팬이 되겠습니다
_임대/매매/급매/전매 부동산중개
https://youtu.be/TndV7Ohkckw

Q5

지산 분양 시 토지분과 건물분을 합하여 계약금을 냈는데 세금계산서는 부가가치세가 부과되는 건물분만 발행됐습니다. 이럴 때 아무 문제없나요? 예를 들어, 토지공급가액 5,000만 원 건물분 공급가액 5,000만 원 건물분 부가가치세 500만 원이고 세금계산서를 공급가 5,000만 원 부가세 500만 원으로 발행되었을때 불이익은 없나요?

A5 : 토지의 공급은 면세이므로 세금계산서는 발행되지 않고 부가가치세가 포함되지 않은 계산서가 발행됩니다. 토지분 계산서를 못 받으셨다면 발행을 요청하세요. 면세 항목도 계산서를 받으셔야 하며 신고 시 합계표를 제출한 의무가 있습니다. 주의하셔야 하는 것은 지식산업센터의 부가세에 관련해서는 특히나 경험이 있는 세무사나 회계사분들과 하시는 것이 좋습니다. 최근 사례 중에 한 건이 이미 부가세 조기환급을 받았는데, 회계대리인이 이를 확인하지 못하고 중복 환급을 요청해 벌금을 100만 원 이상 부과받은 적이 있습니다.

아투연칼럼) 지식산업센터분양권 부가세 홈텍스로 직접 환급신청하기
(부제:라면끓일 5분이면 OK! 직접하고 10만원버는 방법)

Q6

계약기간 만료 전 재계약 여부를 통보해야 하는 시점에 대한 법적 기준은 어떻게 되나요? 3개월로 알고 있는데요. 임차인이 그 기간 내에 안 알려주면 임대인이 계약 해지를 통보할 수 있는 건가요?

A6 : 지식산업센터는 상가임대차보호법에 따라 적용됩니다. 이에 상가임대차 보호법에 따라 임차인이 계약만료 전 6개월~1개월의 기간에 계약갱신을 요구하면 계약은 연장됩니다. 계약만료 전 1개월까지 통보하지 않는 경우, 임차인의 계약갱신을 요구할 수 없으므로 임대인이 원한다면 계약연장 없이 종료할 수 있습니다. 추천해드리는 것은 임대인이 자주 바뀌는 것보다는 렌트프리를 한 달 주고서라도 내 사무실에 오래있게 하는 것이 좋습니다. 이 전략을 사용해보시는 것을 추천해드립니다. 이러한 임차인에 대한 수익률 증가 노하우는 도정국 대표님의 칼럼이나 강의에 많이 있습니다. 〈아투연〉 정기 세미나나 전화상담(010 9633 1751)을 통해서 받을 수 있습니다

참고) 렌트프리는 첫달? 마지막달?
https://cafe.naver.com/fishlandcafe/21524

Q7

현세입자가 11월말로 나가고 새로운 세입자와 12월에 입주하기로 11월초에 계약했습니다. 현세입자는 개인사업자이고 새로운 임차인은 법인으로 알고 계약금을 받고 계약서를 작성했습니다. 근데 오늘 부동산에서 새로운 임차인이 전대차를 요구한다고 연락이 왔습니다. 처음 계약은 법인이 했는데 그 대표가 다른 법인체 대표이며 그 법인에 전대하겠다는 얘기더라고요. 즉, 저희가 계약한 법인 대표가 본인이 대표로 있는 또 다른 법인에 전대차 하겠다는 얘기인데 이게 가능한 건가요? 혹시 문제가 되지는 않나요? 이런 경우 저희가 계약 안하겠다고 하면 계약파기가 가능한지 계약금을 돌려줘야 되는지 궁금합니다.

A7 : 민법상 전대하려면 원칙적으로 임대인의 동의를 받아야 합니다. 동의없이 전대하면 계약해지가 가능합니다. 통상 전대할 경우 임대차계약서에 사용 목적에 대해 전대로 명시하고 별도로 전대차 동의서를 작성해 줍니다. 말씀하신 사례에서는 사전에 전대에 대해 이야기 하지 않았기 때문에 계약해지 사유에 해당하므로 배액배상 하지 않고 원 계약금만 반환하시면 됩니다.

Q8

일반적인 직장인이 지산 매입을 하고 월세를 받게되면 발생되는 세금은 뭐가 있나요? 매입시 일회성으로 발생하는 세금이랑 월세를 받으면서, 아니면 부동산을 소유하면서 내야하는 세금을 나누어서 설명해주시면 감사하겠습니다.

A8 : 취득하실 때 취득세 4.6%와 부가가치세(건물분의 10%)를 납부하셔야 됩니다. 부가가치세는 과세사업자인 경우 환급받으실 수 있습니다. 월세를 받으실 때는 부가가치세 세입자로부터 월세와 함께 징수하셔서 세무서에 신고하고 납부하시면 됩니다. 임대소득에 대해서는 개인사업자인 경우 종합소득세, 법인인 경우 법인세의 납부의무가 발생합니다. 이외의 보유세로는 재산세(건물분 및 토지분)와 주민세(재산분)가 있습니다. 추가로 교통유발부담금 정도가 있습니다. 추가 세금에 대한 문의는 매달 아투연에서 진행하는 임원재 회계사의 "수익율 강의"에서도 다양하게 문의해주실 수 있습니다.

참고) 임원재 회계사의 수익률 강의 공지 안내
https://cafe.naver.com/fishlandcafe/21812

Q9

전매 계약서 작성 이후에 사업자 등록이 가능한지요? 부가가치세는 계약금과 프리미엄 지불 이후 돌려 준다고 하는데 일괄 처리가 안 되는지요? 별도 계약서를 어떻게 써야 하는지요?

A9 : 사업자등록은 요건만 갖추어서 세무서에 신청하시면 전매여부와 상관없이 아무때나 가능합니다. 다만, 분양 받을 지식산업센터를 사업장 주소로 하는 경우 전매계약서가 있어야 하므로 전매 후에 사업자등록이 가능합니다. 전매양도자가 전매양수자에게 세금계산서와 계산서를 발행해 줍니다. 양수자는 이 세금계산서를 바탕으로 조기환급신청 또는 정기신고를 하고 세무서로부터 환급받으시면 됩니다. 통산 분양계약서 권리의무 승계란에 양수인과 양도인 정보를 기재하고 서명 또는 날인합니다. 구체적인 절차는 분양현장마다 조금씩 다를 수 있습니다.

Q10

취득 할 때와 대출 실행할 때는 지식산업센터 입주 가능한 업종으로 사업자등록을 해야 하는 것으로 알고 있습니다. 임차인과 임대차 계약서를 작성할 때는 임대업을 업종에 추가하고 진행하는 것이 맞을까요? 임대업 추가 시 대출이나 취득에 대해 생기는 문제가 있을까요?

A10 : 임대차 계약 시 업종에 임대업이 없어도 큰 문제는 없습니다. 임대업을 최초로 하면 대출한도나 금리에서 불이익이 있을 수 있습니다. 임차인이 사업장 주소를 물건지로 등록하고, 임대인이 임대료 세금계산서를 발행한다고 해도 강제로 업종을 추가하지는 않습니다. 산업단지가 관리하는 국가 산업단지 관리구역 33곳(한국수출(서울), 한국수출(부평·주안), 파주출판, 파주탄현, 남동, 반월, 시화, 시화MTV, 아산, 석문, 오송생명, 구미, 대구, 창원, 안정, 온산, 울산미포, 명지녹산, 광주첨단, 대불, 광양, 여수, 군산, 군산2, 익산, 북평, 국가식품클러스터, 포항, 포항블루밸리, 진해, 빛그린, 장항생태, 경남항공)은 임대계약에 대해서 각 지역마다 차이가 있으므로 꼭 확인하시기 바랍니다.

Q11

경기도에 위치한 150평의 큰 지식산업센터를 취득할 예정입니다.
혹시 사무실을 분할하는데 문제가 없을까요?

A11 : 좋은 아이디어입니다. 이 부분은 이미 아투연 대표이신 도정국 대표님이 해본 임대 방식으로, 큰 호실은 인테리어를 통해 분할하여 사용 또는 임대가 가능합니다. 다만, 분할하실 때 아래의 사항들을 꼭 점검해보시기 바랍니다.

1. 주변에 같은 방식으로 분할하여 임대를 주고 있는 업체들이 얼마나 있는지
2. 주변 지역에서는 분할물건과 구분등기된 물건의 임대료 차이가 얼마나 있는지
3. 분할 사무실 전기세, 관리비 배분은 기존 업체들 사이에서 제대로 이뤄지고 있는지
4. 입주할 업체들이 서로 간의 소음이 발생하지 않을 기업들인지

이외에도 많이 있지만 분할사무실을 고려한다면 위 네 가지를 꼭 확인 후 진행하시기 바랍니다

또한 〈아투연〉 일대일 상담을 할 때 많이 물어보시는 질문이 '처음이니 조그만한 것을 사는게 좋을지 처음부터 큰걸 사는게 좋을지'입니다. 추천드리는 바는 실입주 사업적인 입장에서는 처음에 큰걸 사서 내가 쓸 만큼만 쓰고 임대를 주고, 내 사업이 커지면 그때 임차인을 내보내고 내가 추가로 사용하는 것이 여러면에서 더욱더 이익입니다.

강사후기) 아투연 3월 세미나, 실입주하는분들에게 드리는 조언
(부제 : 지식산업센터 매매전,후 전략)
https://cafe.naver.com/fishlandcafe/21872

—— 66 ——

부동산을 사기에 가장 좋은 때는
항상... 5년전이다

- Ray Brown

—— 99 ——

Q12

투자 시 내가 투자할 지역이 산업단지 내의 구역인지에 대한 여부
는 어떻게 확인 가능한지 궁금합니다. 구로, 가산이라도 산업단지
가 아닌 지식산업센터가 있다고 들었습니다.

A12 : 한국산업단지공단 홈페이지(키콕스 http://www.kicox.or.kr/index.do) 에 공시하고 있어 대략적으로 확인할 수 있으며, 개별 물건별로 확인하시려면 산업단지공단에 직접 문의하는 것이 빠릅니다.

국가(33)
한국수출(서울), 한국수출(부평 · 주안), 파주출판, 파주탄현, 남동, 반월, 시화, 시화MTV, 아산, 석문, 오송생명, 구미, 대구, 창원, 안정, 온산, 울산미포, 명지녹산, 광주첨단, 대불, 광양, 여수, 군산, 군산2, 익산, 북평, 국가식품클러스터, 포항, 포항블루밸리, 진해, 빛그린, 장항생태, 경남항공

일반(13)
양주홍죽, 아산제2테크노밸리, 달성2차, 신평장림(협업), 김해골든루트, 사천임대전용, 이천장호원, 북평지방, 원주문막반계, 이천대월, 오송제2생명과학, 사천제1 · 2일반산업단지

외투(15)
구미(구미부품), 대구달성, 대불, 사천, 오창, 인주, 천안, 천안5, 월전, 문막, 진천산수, 국가식품클러스터, 송산2, 충주, 송산2-1

Q13

여유자금이 다들 한정적일텐데 어떻게 계속 아파트형공장을 투자하시는지 궁금합니다. 한 건 투자하고 몇 년 기다렸다가 투자를 하시는지, 선배님들은 어떻게 투자를 하시는지 궁금합니다.

A13 : 이 부분은 아투연 장대표님을 통해서 컨설팅을 받아보시는 것을 추천해드립니다. 직장인과 사업자의 투자 방법은 근본적으로 다릅니다. 직장생활을 하시는 분들은 정규적으로 받는 월급과 신용을 이용한 대출을 최대한 활용을 하셔야 하고, 사업하시는 분들은 본인의 사업장에 실거주하면서 매출을 담보로 한 신용대출을 받아 투자금을 모으셔야 합니다. 또한 공격적인 투자를 하시려면 살고 계신 자가나 전세를 월세로 이동하는 방법 외에는 어렵습니다. 투자 후 대략 3년 정도면 대출을 연장해야 하는 시점이 오게 됩니다. 이때 보통 지식산업센터의 가치가 오르면서 더 큰 한도로 대출을 받을 수 있게 됩니다. 이때 굳이 기존의 대출은행보다는 새로운 은행을 찾아보는 방법도 추천해드립니다. 또한 아파트형공장의 시세가 오르면 이를 담보로 또 한번의 대출 기회가 생겨, 이렇게 투자하는 분들도 있습니다. 예를 들면 내가 4억짜리 아파트형공장을 담보로 80% 대출로 3.2억을 받았는데 3년 뒤에 이 아파트형공장이 4.5억이 되었으면, 4.5억의 80%인 3.5억을 받을 수 있으므로 약 3천만 원의 대출을 더 받을 수 있는 요건이 됩니다. 이 대출을 받아서 투자하시는 분들도 있습니다.

세미나 후기) 20년 2월 20일 아투연 세미나
(부제 : 이런 부동산 세미나는 처음이네요)
https://cafe.naver.com/fishlandcafe/21640

Q14

혹시 신규 법인으로 아파트형공장을 매수 시 대출은 몇 퍼센트나
가능할까요? 법인으로 분양 받을 경우 중도금 대출도 가능할까요?

A14 : 대출의 경우 워낙 케이스바이케이스라 명확히 말씀드리기는 어렵습니다. 다만, 실적이 전혀 없는 신설 법인의 경우 개인에 비해 대출한도나 금리에서 불리할 수 있습니다. 분양 중도금 대출의 경우 특별한 결격사유가 없다면 가능합니다. 또한 신규 법인의 경우 대표자의 개인 신용을 봅니다. 이번에 분양을 진행한 수원 영통테크트리의 사례를 볼때도 법인으로 진행 하신 분들이 중도금 대출에 어려움을 겪지 않았습니다.

참고) 개인사업자 vs 법인사업자 1탄 : 부담세액에 대하여
https://cafe.naver.com/fishlandcafe/20983

참고) 법인vs개인 2탄 임대사업소득 있는 직장인의 고민
(부제: 법인사업자로 투자소득 은폐하기)
https://cafe.naver.com/fishlandcafe/21069

Q15

지산을 보유 할 때 주택과 달리 대출 기한이 3년 단위던데, 연장 횟수도 만기 이후에 은행을 변경하면 대출이 계속 가능한가요? 여러 개 투자한 분들은 대출 운영을 어떻게 하시나요? 지금은 직장이 있지만 퇴직 이후 소득이 없어도 지산 담보로만 대출을 받아서 투자가 가능한지 궁금합니다.

A15 : 담보물의 가치에 특별한 변동이나 소유자의 신용에 큰 변동이 없다면 대부분 연장됩니다. 다만, 만기 시점에는 기존의 은행에서 연장하기보다 다른 은행으로 대환을 같이 고려하고 알아보신다면, 금리와 한도에서 더 좋은 조건으로 받으실 수 있습니다. 시간이 지나면 담보가치가 오르기 때문에 퇴직 이후 소득이 없더라도 기존의 대출금은 연장 될 가능성이 높습니다.

Q16

직장인이 지산을 매매해서 사업자등록증을 내면 임대수익이 가능한가요? 원래 직장인은 사업자등록증을 내고 취업할 수 없지 않나요? 고수님들의 답변 부탁드립니다.

A16 : 회사 내규에 겸업금지 규정이 없다면 가능합니다. 또한 근무시간 이외의 시간은 개인의 사생활의 범주이므로, 기업질서나 근로제공에 지장이 없는 겸직까지 전면적, 포괄적으로 금지하는 것은 부당하다고 본 판례가 있습니다. 이를 고려했을 때 업무 외 시간 및 휴가를 이용하여 임대업을 한다면 겸업금지 규정을 위반했다고 보기 어렵습니다. 그럼에도 임대소득을 회사에 알리고 싶지 않다면 배우자의 명의나 법인으로 취득하는 것을 고려해볼 수 있습니다.

Q17

실사용 목적 입주이고 곧 잔금예정입니다. 은행담당자와 상담했는데 1년씩 연장을 권하는데요. 업체마다 상황은 다르겠지만 1년씩 연장하는 게 일반적인가요? 아니면 00년 거치 00년 상환 이런 식일까요?

A17 : 대출은 케이스바이케이스입니다. 단순히 3년 만기로 할 수 있고, 1년 만기로 매년 연장할 수도 있습니다. 또한 3년 거치 5년의 분할상환처럼 일정 기간 거치 및 분할상환하는 경우도 있습니다. 다만, 1년 만기로 매년 연장하는 케이스는 거의 보지 못했습니다. 질문자 님의 상황과 은행의 정책에 따라 달라지는 부분입니다. 질문자님의 투자전략에 맞는 방법을 정하시고 원하는 조건으로 대출해주는 은행을 찾으시는 방법도 있습니다.

Q18

복층 후 일부 임대 고려 중입니다. 대출자서 할 때 직접 사용과 임대는 조건이 달라질 수 있다는데 어떻게 다른가요?

A18 : 통상 실제 입주하여 사업할 사업자에게 제공되는 대출은 임대업에 비해 한도가 높고 금리도 낮은 경우가 많습니다. 이 부분은 본인이 알아보고 결정하셔야 합니다. 또한 복층시공도 현 상황(2020년 3월)에서는 불법입니다. 다만 수원 영통의 테라타워 라이브 오피스의 경우 복층시공을 합법으로 하는 조건으로 분양가를 책정해두었습니다.

참고) 누구든 도와주세요~(복층문의)
https://cafe.naver.com/fishlandcafe/21632

참고) 2탄- 아투연 현대 영통 테라타워에 방문하다
삶과오피스가 함께 하는 지식산업센터(복층)
https://youtu.be/hW-1hYumEks

Q19

2018 타경 16446 물건 권리분석은 제가 보기엔 큰 문제는 없어보이는데요. 낙찰가는 얼마 정도에 형성될까요? 가상으로, 저라면 어떨지 생각해보는데, 저는 15억 정도 낙찰되어야 이익이 생길 것 같네요. 여러분들의 생각은 어떤가요?

A19 : 낙찰가는 시세조사에 의해 결정되는 것이니 직접 알아보셔야 합니다. 권리 상 말소기준보다 빠른 임차인이 둘이나 있어 대항력 있어 보입니다. 이 경우 보증금이 인수된다는 점을 유의하셔야 합니다. 추가로 지식산업센터 경매는 보증금보다 관리비 미수가 더 무섭습니다. 보증금이야 보통 10개월 월세이니, 경매진행을 인지했다면 월세를 안 내서 이미 상쇄되었거나 일부 남아있을 가능성이 많습니다. 하지만 관리비는 많게는 몇 천만 원이 될 수 있으니 꼭 관리사무소에 문의가 필요합니다. 그리고 월 임차료가 적어 대항력 있는 임차인이므로, 분리해서 사용하는 실제 임차인인지 비상주 임차인인지 현장 점검이 필요합니다. 나머지 대항력 없는 임차인들의 보증금도 상쇄되었을 듯 하지만 만약 남아있다면 명도도 쉽지 않을 수 있을 것 같네요.

Q20

지식산업센터도 법인으로 투자가 가능한지 궁금합니다. 지금까지 지식산업센터를 매입할 때 해당 물건 주소지에 개인사업자를 내고 진행했었는데요. 법인도 그래야 하는지 주소지는 그대로 둔 상태에서 주택처럼 투자용 지산(산단 밖)을 매입하는 것이 가능한지 궁금합니다.

A20 : 법인이 임대물건을 취득할 경우 물건별로 사업자 등록을 하는 것이 원칙입니다. 다만, 사업자단위과세를 신청하시고 종료된 사업장으로 임대물건의 소재지를 추가하시는 방법도 있습니다. 앞서 소개해드린 아투연 임회계사님의 세금 강의에 오시면 명의 문제에 대해서도 도움을 받으실 수 있습니다.

Q21

지식산업센터 내부 인테리어를 임대인이 직접 한다면 평당 견적은
얼마로 생각하면 될까요?

지식산업센터 자주묻는 질문 50개 모음집

A21 : 지식산업센터는 서울을 기준으로 전용면적 평당 80만 원 전후로 잡으시면 됩니다. 다만, 세부적으로 어떤 옵션을 추가하고 제외 하느냐에 따라 차이가 날 수 있습니다.

아투연친구업체강의) "3월 7일(토) 오전 10시 - 12시
월세 더 받는 아파트형공장 인테리어"
(부제: 강의 듣자마다 20만원 버는 강의)
https://cafe.naver.com/fishlandcafe/21641

아투연강사후기) 2020년 1월 인테리어 세미나
 (부제: 투자의 완성은 인테리어)
https://cafe.naver.com/fishlandcafe/21453

참고) 지산의 트렌드를 선도하는 공간디자인 인테리어 강의 후기 입니다.
https://cafe.naver.com/fishlandcafe/21447

참고) 지식산업센터 인테리어 꼭 해야할까요_아파트형공장 투자연구소
https://youtu.be/yY8CO1CRB3s

참고) 지식산업센터 셀프인테리어로 20만원 아끼는법
(feat.블라인드시공)_부동산
https://youtu.be/a7lF0PO-Duw

참고) 지식산업센터 내부가 이렇게 바뀔 수 있나요?
https://youtu.be/qjO_gmvk3tg

Q22

공기업 직원도 투자가 가능한가요? 사업자등록시 문제가 되는지
요?

A22 : 공기업뿐 아니라 공무원들도 실제로 투자하는 분들이 있습니다. 공기업의 특성에 따라서 많이 다르더라고요. 겸업이 가능한지 사규를 살펴보시고 잘 모르시겠으면 인사과에 문의하시는 것이 가장 좋습니다. 노출이 부담스럽다면 법인이나 배우자 명의로 투자하는 방법도 있습니다.

Q23

산업단지 내 지식산업센터는 임대사업이 제한되나요? 가능하다는 분도 있고, 불가능하다고도 해서 혼동되네요.

A23 : 산업단지 내의 지식산업센터는 취득 즉시 임대는 불가능합니다. 산업단지공단과 입주계약 후 공장설립 등의 완료신고 또는 사업개시신고를 하시고 실사를 받으신 이후에 임대업으로 입주계약을 변경해야 가능합니다. 관련 서류는 온라인에 제시되어 있는 경우가 많습니다.

참고) 한국 산업단지관리공단 블로그
https://blog.naver.com/kicox1964

Q24

사업자등록증은 언제 내야 하나요?

A24 : 사업자등록은 매매계약서 작성 후 바로 진행하는 경우가 많습니다. 사업자등록증 발급 신청 시 매매계약서를 제출해야 하며, 이는 사업자등록신청 이후에 대출신청이 가능하기 때문입니다.

Q25

임대는 보통 준공 후 몇 개월 만에 나가나요? 그리고 임대를 어디다 내놓아야 홍보가 잘 될까요? 경험 있으신 분들의 조언을 듣고 싶습니다.

A25 : 보통 준공되기 전 건물 외형이 어느 정도 완성되어가는 시점인 6개월을 전후로 기업들이 이전 계획을 세워 문의하는 경우가 있어, 그 시점부터 임차가 맞춰지기 시작합니다. 그 시점에 실입주기업이 선호하는 호실들은 임차가 빠르게 맞춰지며, 전매를 희망하는 기업이 프리미엄을 주고 매입하기도 합니다. 지식산업센터 내의 입주지원센터에 기업들이 문의를 하여 임차가 미리 맞춰지기도 합니다. 그 외에는 준공 후 지식산업센터 내 부동산과 주변 부동산에 내놓는게 일반적입니다. 임대는 빠를 경우 한 달 이내에 맞춰지는 경우도 있지만, 입지나 호실 특성에 따라 6개월~1년까지 소요되는 경우도 있습니다. 최선은 주변의 많은 부동산 중개사무소에 연락하여 임대물건을 알리고, 인테리어 하시고 렌트프리 등 인센티브도 제공하시는 겁니다. 네이버 카페 〈아투연〉 내에서 임대/임차/급매에 대한 게시판을 만들어 운영하고 있습니다. 이곳에 올리셔도 되고 010 9633 1751 아투연 공인중개사 담당자에게 연락해서 관련 내역을 말씀해주시면 도움을 받을 수 있습니다.

Q26

매입 예정인 지식산업센터에 현재 임차인이 들어와 있는 상태입니다. 해당 물건 취득 시 임대차 계약을 저와 해야 하는지요?

A26 : 임차인이 있으면 기존계약서를 승계하는 조항을 넣어서 다시 쓰시면 됩니다.

Q27

지식산업센터의 실거래가 정보는 어디서 확인 가능한가요?

A27 : 지식산업센터의 경우 주택처럼 실거래 내역이 공개되지 않습니다. 따라서 최근 시세는 현장 주변 전문가 분들께 문의하는 것이 제일 빠릅니다.

Q28

지식산업센터 기숙사에 전세로 들어가려는데 전입이 안되고 전세권 설정해준다는데 괜찮은 건가요?

A28 : 지식산업센터의 기숙사는 주택법상 주택이 아니기 때문에 전입신고가 안되는 것이 원칙입니다. 물론 담당공무원에 따라 전입신고가 되는 경우가 있을 순 있습니다. 전입신고가 안되어 확정일자를 받을 수 없다면 전세권 설정 등기를 통해 대항력을 가질 수는 있습니다. 하지만 지식산업센터 기숙사의 경우 대부분 70% 가량의 대출을 끼고 분양을 받는 경우가 많습니다. 이 경우 선순위 담보설정 금액이 대출금액의 120%로 분양가의 84% 정도 담보설정 등기가 이루어지므로 이후에 전세권 설정을 하더라도 보장받을 수 있는 금액은 크지 않을 수 있어 전세보다는 월세를 추천해드립니다.

Q29

지식산업센터 상가투자 해보신 분이 있는지 궁금합니다. 지식산업센터 상가에 투자한다면 그 건물에 딸린 작은 소매점들에 투자한다는 이야기인가요? 지식산업센터 상가투자는 괜찮을까요?

A29 : 지식산업센터의 상가는 지원시설 중 근린생활시설로 등기된 호실로, 주로 B1층~2층에 위치하여 전체 면적의 10~50%를 차지합니다. 지식산업센터 상가에 투자한다면 해당 호실을 취득하여 임대를 주거나 상가를 운영하는 것입니다. 많은 지식산업센터 상권은 주5일 주간 상권으로 일반 상업지역에 비해 영업가능 시간이 짧은 편입니다. 따라서 아직 주변 상권이 활성화되지 않은 지식산업센터의 경우 공실이 많은 편이며, 업종 지정된 편의점, 부동산, 구내식당 등 몇 곳을 제외하면 매력도는 떨어지는 편입니다. 하지만 이는 입지적, 지역적 특성에 따라 달라질 수 있는 부분이므로 주변 상권에 대한 명확한 이해와 분석을 마치고 결정하시길 권장드립니다. 최근 임대가 맞춰진 상가물건의 경우 보통 수익률이 5~7% 사이입니다. 지산에 비해서는 적지만, 추후 권리금 및 시세상승에 대해서 고민을 해보신다면 투자할만한 가치를 발견하실 수 있습니다.

참고) 아파트형공장 편의점 수익율 10%가 될 수 있는 이유는?
도정국_아파트형공장투자연구소
https://youtu.be/wC-gJESloH0

Q30

온라인판매이며 해외온라인판매를 겸하고 있는 사업자입니다. 지식산업센터에 입주가 가능한지 궁금합니다. 필요한 경우 업종 추가도 할 예정입니다. 추가할 업종이 될 만한 일은 ① 도매나 제조업체로부터 물건을 받아 구성을 달리하여 재포장하고 판매합니다. ② 또한 어떤 상품들은 제가 직접 제품 디자인을 하여, 외주로 ODM을 주어 생산하고, 이를 다시 제가 판매합니다. 하지만 원재료는 제가 구하지 않고 외주사에서 찾았습니다. ODM이니까요. 이런 경우에 제조업 업종을 추가할 수 있을까요?

A30 : 단순 포장이나 단순 ODM의 경우 제조업으로 인정받기는 어려울 것으로 판단됩니다. 이 경우 제품 디자인으로 사업자를 내고 입주할 수 있으나 산업집적법에서는 입주가능업종 외 겸업도 금지되어 있어 최악의 경우 관리기관으로부터 퇴거명령을 받을 수도 있습니다. 이를 피하려면 입주가능업종의 제한이 상대적으로 없는 지원시설에 입주하시는 방법이 있습니다.

참고) 사업자등록 신청 시 홈택스 업종코드와
표준산업분류의 불일치 문제 해결 꿀팁!
https://cafe.naver.com/fishlandcafe/21609

Q31

만약 지산을 분양받고 준공 후에 입주하려고 했지만 입주 시점에 사정이 여의치 않아 입주를 못 할 때는 어떻게 되나요? 어떤 패널티가 있는지, 아니면 전매/매도해야 되는지, 임대가 가능한지 궁금합니다.

A31 : 만약 자금문제로 등기가 불가능하시면 무슨 수를 쓰던 전매를 하셔야 합니다. 등기가 가능하시면 취득세를 전액 완납하고 임대사업을 하셔도 됩니다. 또한 실입주를 못하게 되어 잔금을 치루지 못하면 이에 대한 중도금 이자는 본인이 지불하셔야 합니다. 만약 산업단지내의 지식산업센터라면 사업을 어느 정도 영위한 후에 임대사업으로 전환이 가능하지만, 그 외의 일반 준공업 지역은 즉시 임대사업을 할 수 있습니다.

Q32

지식산업센터를 공부하다 보니 이런 생각이 들더군요. '지난 몇 년 간 매매가의 폭등으로 수익률은 상가와 별 차이가 없고, 공급도 많은데 앞으로 메리트가 있을까?' 2년 전 만 해도 대출을 안 받고도 7% 이상의 수익률이 나온다고 하던 게 현재 서울지역은 약 4%~5% 정도가 나오고, 경기도의 수익률은 서울보단 조금 낮지만 이미 공급이 많이 예정되어 있는데, 3기 신도시 컨셉을 자족도시로 잡으면서 경기도 지산 공급은 더 늘어나게 생겼습니다. 지식산업센터의 최근 경향을 보면 매매가가 올라도 임대료 상승은 그에 못 미치더라고요. 이런 상황인데도 지식산업센터 투자할만한 매력이나 전망이 있을까요?

A32 : 현재 부동산 대출 규제로 인해 투자자들이 갈 곳을 잃고 지산투자로 많이 유입되고 있습니다. 매매가격이 오르면서 투자수익률은 계속 떨어지고 있습니다. 저금리의 영향으로 파악되는데요. 상황이 이렇다 보니 매력이 예전보다는 떨어지는 것은 사실입니다. 하지만 상황이 이렇다고 해도 여전히 수익형 부동산으로써 지식산업센터는 매력적입니다. 대출을 고려하여 지금은 10% 내외의 수익률을 기대할 수 있지만 앞으로 가격이 계속 올라 5% 대의 수익률을 기대하면서 들어오게 될 수도 있습니다. 최근 지산 공급이 급격히 증가하는 것도 사실입니다. 특히 경기도는 현 공급률을 보면 공실률이 문제가 될 가능성이 많습니다. 그래서 공급이 한정되고 수요가 어느 정도 검증된 곳을 잘 찾으셔야 합니다. 5년 전까지만 해도 아무거나 사도 고수익을 올렸다면 지금은 옥석을 잘 가리는 것이 무엇보다 중요합니다. 또한 단순 투자보다는 여러 개의 사무실을 쪼개는 소호사무실로 변형하거나 스튜디오 및 다양한 임대사업을 접목할 수 있습니다. 이 부분은 〈아투연〉 세미나 뒷풀이에서 다양한 분들을 만나면서 공유할 수 있습니다.

Q33

아파트형공장에 입주 시 일반유통 회사를 공장(제조업)으로 신고하고 입주하는 경우 세금 혜택이 있는지 궁금합니다. 그리고 지식산업센터의 매매 및 분양 시 취등록세 감면받을 수 있다는 얘기도 들었는데 이 부분도 설명 부탁드립니다.

A33 : 입주 업종이 아닌 업체의 입주는 원칙적으로 금지이며 입주 가능 업종과 겸업도 허용되지 않습니다. 제조업으로 등록하고 입주 시 적발되면 감면받은 세액을 추징당하며 관리기관으로부터 퇴거 명령을 받을 수 있습니다.

참고) 지식산업센터 취득세를 감면 받고
본래 용도로 사용하지 않게 된다면? by 임회계사
https://cafe.naver.com/fishlandcafe/21204

Q34

2015년 초에 매수하여 현재 임차 중이고 매도 시 약 1억 5000만 원 정도 차익이 나는데 양도세는 얼마나 낼까요?

A34 : 2020년 3월 현재, 5년 경과했다고 가정하겠습니다. 필요한 경비까지 다 공제한 양도차익이 1.5억이라면 장기보유특별공제(10%)와 기본공제 200만 원을 적용하면 과세표준은 1억 3300만 원이 되겠네요. 여기에 기본세율과 지방소득세까지 고려하여 3500만 원 전후로 예상됩니다.

Q35

지식산업센터의 중개수수료는 최대 0.9%인 걸로 아는데 보통 중개
수수료는 어느 정도로 내는지 궁금합니다.

A35 : 일반 상업용 부동산으로 최고 0.9%의 수수료율이 적용됩니다. 물론 이는 법정 상한이므로 협상하기에 따라 0.5%, 0.7% 등 다양하게 나타납니다. 매매하는 경우 취득하신 부동산에 0.9%를 내면 임차임을 구하는 부분의 중개수수료는 별도로 받지 않는 경우도 많습니다. 아투연 스텝이신 박시형 변호사님이 진행하고 계시는 아투연 공인중개사를 이용하셔도 다양한 혜택과 노하우를 배우실 수 있습니다.

문의) 010 9633 1751

Q36

하남 쪽 지식산업센터 기숙사에 관심이 있습니다. 하남지식산업센터 기숙사같이 특정 지역에서의 입주를 진행할 때 해당 지자체에서 정한 허용 업종만이 입주가 가능하다는 이야기를 들었던 것 같습니다. 궁금한 사항은 허용 업종이라는 것이 어디까지인지 알고 싶네요.

A36 : 기숙사는 산업 집적법상 지원시설에 해당하여 지원시설에 입주 가능한 업종은 모두 들어올 수 있습니다. 최근에 사무실로 이용하는 경우도 많다고 하네요. 추가로 지원시설은 임대에도 별다른 제약이 없어서 취득 후 바로 임대업으로 등록해도 문제가 되지 않습니다. 특정 지역의 입주업종에 대해서 구체적으로 궁금하신 부분은 각 지자체(산업단지의 경우 해당 산업단지 공단)에 문의하시는 게 가장 정확합니다.

Q37

저는 노무법인을 운영하고 있습니다. 지식산업센터에 임차하여 이전 할 예정인데요. 저희가 들어가는 곳이 지원시설이 아니라 공장 사무실입니다. 제가 알기로는 지식산업센터 지원시설이 아니면 이쪽 업종은 들어 갈 수 없다는데, 부동산 쪽에서는 문제가 없다고 합니다. 혹시 입주 했을 때 문제가 될 수 있는 부분이 있을까요?

A37 : 노무법인의 경우 일반 지식산업센터의 입주 가능업종이 아닙니다. 입주하려면 지원시설로 입주하셔야 합니다. 입주하셨다가 관리기관으로부터 퇴거 명령을 받을 수 있습니다.

지식산업센터 Q&A) 지식산업센터의 입주업종은? by. 임회계사
https://cafe.naver.com/fishlandcafe/21561

Q38

지식산업센터에 직접 입주할 목적으로 입주의향서를 작성하여 제출했습니다. 혹시 중간에 입주하기 어려운 사정이 생겨 분양을 받았음에도 포기해도 문제가 안 될지 궁금합니다.

A38 : 입주의향서의 경우 법적인 효력이 없습니다. 분양업체에서 분양하기 전에 사전수요조사 목적으로 받습니다. 입주의향서 작성을 독려하기 위해 호실 선정에 우선순위를 제공하거나 일부 가격을 할인하는 등 인센티브를 제공하긴 합니다만 이 마저도 법적인 효력은 없다고 보시면 됩니다.

참고) 지식산업센터 입주계약서, 입주의향서, 입주예약서 차이가 뭐지?
https://youtu.be/Grr9dxthxYE

Q39

지식산업센터 임대 시에 공실의 위험을 낮출 수 있는 방법은 어떤 게 있을까요? 아파트의 경우에 주로 남향을 선호하는데 이 경우에도 그러한지 궁금합니다. 방향뿐 아니라 층수에도 영향이 있을까요?

A39 : 공실위험이 낮으려면 역세권의 인테리어가 잘 된 곳이 좋습니다. 이런 곳은 불경기에도 공실 위험이 낮습니다. 층, 향 같은 경우는 임차인의 성향에 따라 많이 달라집니다. 지식산업센터의 경우, 생각보다 향은 중시하지 않습니다. 오히려 남향은 볕이 너무 많이 들어와 모니터가 잘 안보이기 때문에 선호하지 않습니다. 층의 경우, 매매가는 고층이 높은 경향을 보이나 임대차의 경우 엘리베이터의 영향을 덜 받는 저층을 선호하기도 합니다. 출퇴근 시간에 엘리베이터 대기시간이 길어지는 것을 싫어하는 분들도 있으니까

Q40

지식산업센터 투자 시 부대비용은 어떤 게 있는지 궁금합니다(취득록세, 양도세 등 공식적인 세금 제외). 분양을 받을 때는 수수료가 없는 것 같은데 맞나요? 분양권 전매 시 매도인/매수인 수수료가 있는지요?

A40 : 취득 시 부대비용은 매매로 인한 중개수수료, 등기 이전을 위한 법무사 수수료, 등기 시 발생하는 취득록세 외의 각종 공과금(인지대, 증지대, 의무매입채권 채권할인료 등)이 발생합니다. 분양을 받을 경우 별도의 중개수수료는 없지만 분양가에 각종 마케팅 비용이 포함되어 있다고 보시면 됩니다. 전매의 경우 별도로 수수료를 내며 수수료는 상황에 따라 다릅니다. 전매수수료는 주로 매도인이 납부하지만 매수자가 내는 경우도 많아 정해져 있지 않습니

Q41

지식산업센터를 분양 받으면 준공 후 분양직원에게 임대의뢰가 가능한지요? 가능하다면 별도의 중개수수료도 내야 하나요?

A41 : 담당 분양사원이 공인중개사 또는 공인중개사 법에 따른 중개보조원이라면 임대의뢰가 가능합니다. 임대차 거래의 중개를 했다면 공인중개사 법에 따라 당연히 수수료가 발생합니다.

Q42

지식산업센터 매매 후 이자와 관리비를 내는 것이 정말 월세로 임차를 사는 것보다 저렴할까요?

A42 : 지역마다 조금씩 차이는 있지만 가능한 매매 후 보유전략이 월세를 내면서 임차를 하는 것보다 더 큰 이익이 되는 건 사실입니다. 실제 아투연 운영자이신 장대표님의 예를 들어보겠습니다. 지식산업센터 월세를 살아보신 분들은 아시리라 생각합니다. 보통 구로를 기준으로 10평이 80~100만 원 (인테리어와 역세권에 따라 다름) 입니다. 구로디지털단지에서 평단 1,000만 원 내외의 10평 사무실을 매매하는데는 2억이 들어갑니다. (매매가 = 분양 평수 x 평당가) 2억에서 1억 6천만 원의 대출(80%)이 나오게 됩니다. 그러면, 1억 6천만 원에 대한 이자는 이율 3% 대를 기반으로 했을 때, 1억이 30만 원이라고 가정 하면 약 50만 원입니다. 여기에 관리비가 평당 5천 원 내외이니 10만 원 정도가 나옵니다. 즉, 10평 사무실을 이용하는데 있어 임차비용은 80만 원, 매매 후 이자는 60만 원입니다.

그럼 여기서 투자자분들은 질문합니다.

아니 이렇게 좋으면 임차인들이 매매를 하지 왜 임차를 하나요? 하지만 아무리 적게 들어도 매매 초기 투자금은 4천만 원 이상이 들어가고, 또한 대출이라는 부분이 묶이면 다른 신용 대출이 나오기 어렵습니다. 그렇기에 초기 사업을 하시거나 대출 계획이 있으신 분들은 쉽게 매매를 하지 못하는 경우가 있습니다. 또한 이러한 지식산업센터를 개인은 매매할 수 없다고 생각하시는 대표님들도 꽤 많이 있습니다.

얼마전 아투연에 글을 올려주신 소탱님의 사례를 읽어보시면 도움이 되실겁니다.

참고) 이제 남의 사무실이 아닌, 내 사무실에서 일을 할 수 있을 듯 합니다
https://cafe.naver.com/fishlandcafe/21973

여기까지 읽어주셔서 감사합니다.
궁금하신점이나 오타 그리고 잘못된 사항은
아투연 카페나 유튜브 그리고 010 9633 1751
문자나 전화주시면 되겠습니다.

– 아파트형공장 투자자연구소 일동 드림 –

지산 체크 리스트

☐ 네이버 지도로 주변시세 알아보기

☐ 주변 지산 브랜드 비교해보기

☐ 경매물건 확인해보기

☐ 현상실사 전 부동산 2군데 전화해보기

☐ 평일 아침, 저녁 두번 임장하기

□ 베란다 확장여부 확인하기

□ 인테리어 부분 확인하기

□ 계약금 일정 및 잔금 대출 확인

□ 특화설계부분 확인하기

□ 산단 포함 및 신고여부 확인하기

□ 주변 식당에서 식사하면서 나잇대 체크

□ 인테리어 회사번호 3군데 받아오기

아투연 친구 업체

1 **1호선 - 가산더리브**
평당 750
주변보다 시세가 저렴

2 **2호선 - 서영물류**
평당 1,500 내외
입지와 규모

7 **7호선 - 오닉스**
평당 1,000
2호선, 7호선 역세권 소형평수

8 **8호선 - 성남하이테크**
평당 550 내외

경의중앙 **경의중앙선 - 운정비즈센터**
평당 800 내외
GTX 교통호재 및 최초 지산

김포골드 **김포골드 - 디원시그니처**
평당 650 내외
역세권 배후수요

분당 **분당선 - 테라타워, 스마트윙**
망포 테라타워 : 평당 900
망포 스마트윙 : 평당 700

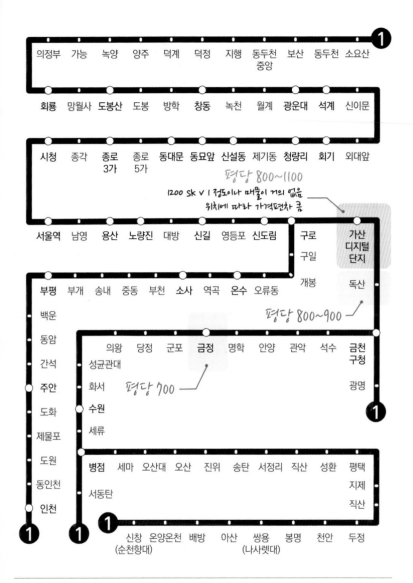

평당 800~1100
1200 sk v l 정도이나 매물이 거의 없음
위치에 따라 가격편차 큼

평당 800~900

평당 700

아투연 친구업체
1호선 - 가산더리브 (평당 750) 주변보다 시세가 저렴

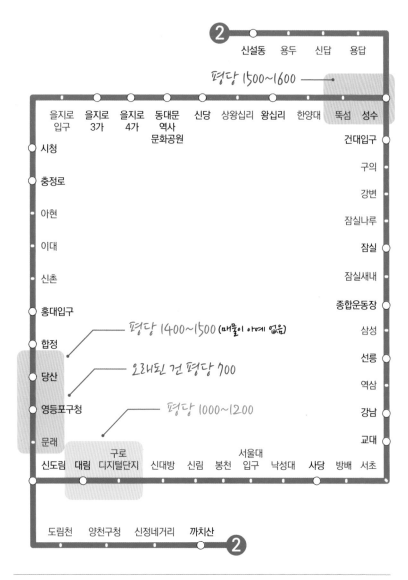

아투연 친구업체

2호선 - 서영물류(평당 1,500내외) 입지와 규모

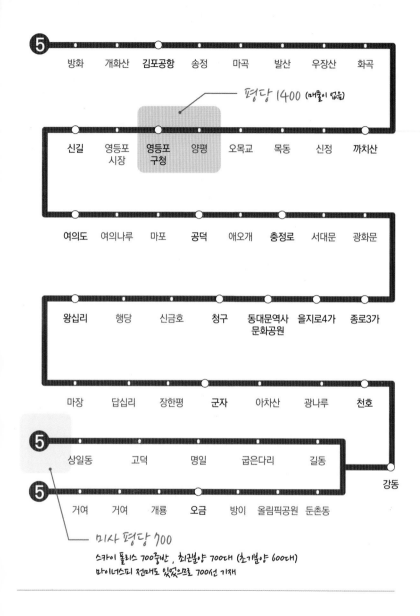

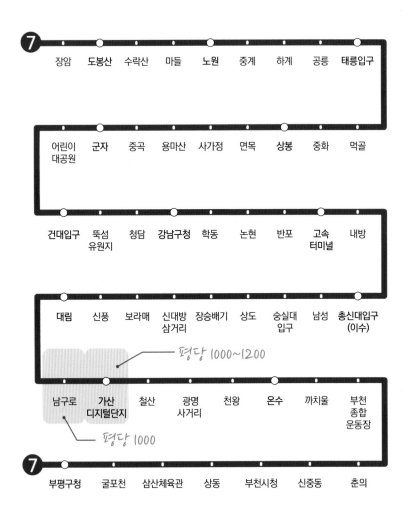

아투연 친구업체

7호선 - 오닉스 (평당 1,000)2호선, 7호선 역세권 소형평수

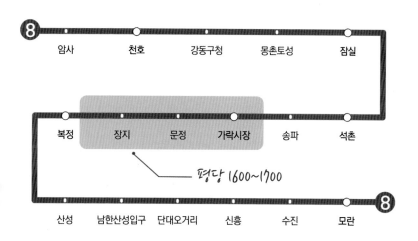

| 8 | 암사 | 천호 | 강동구청 | 몽촌토성 | 잠실 |

장지   문정   가락시장   송파   석촌   복정

평당 1600~1700

산성   남한산성입구   단대오거리   신흥   수진   모란   8

아투연 친구업체

8호선 - 성남하이테크(평당 550내외) 성남 하이테크

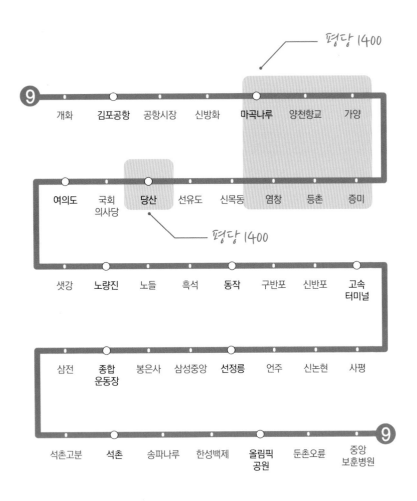

지식산업센터 자주묻는 질문 50개 모음집

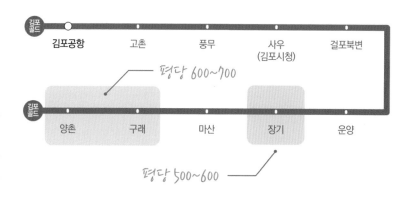

김포공항   고촌   풍무   사우(김포시청)   걸포북변

평당 600~700

양촌   구래   마산   장기   운양

평당 500~600

아투연 친구업체

김포골드 - 디원시그니처(평당 650내외) 역세권 배후수요

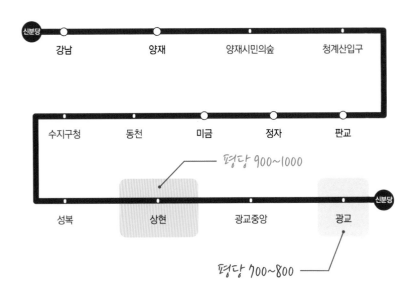

신분당

| 강남 | 양재 | 양재시민의숲 | 청계산입구 |

| 수지구청 | 동천 | 미금 | 정자 | 판교 |

평당 900~1000

신분당

| 성복 | 상현 | 광교중앙 | 광교 |

평당 700~800

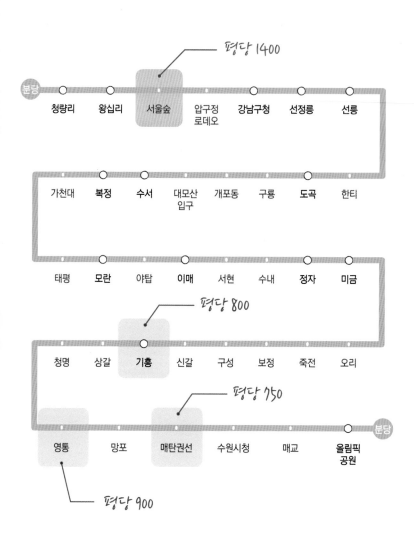

평당 1400

| 분당 | 청량리 | 왕십리 | 서울숲 | 압구정
로데오 | 강남구청 | 선정릉 | 선릉 |

| 가천대 | 복정 | 수서 | 대모산
입구 | 개포동 | 구룡 | 도곡 | 한티 |

| 태평 | 모란 | 야탑 | 이매 | 서현 | 수내 | 정자 | 미금 |

평당 800

| 청명 | 상갈 | 기흥 | 신갈 | 구성 | 보정 | 죽전 | 오리 |

평당 750

| 영통 | 망포 | 매탄권선 | 수원시청 | 매교 | 올림픽
공원 | 분당 |

평당 900

아투연 친구업체

분당선 - 망포역 테라타워(평당 900), 망포역 스마트윙(평당 700)

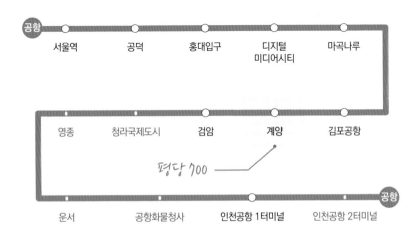

공항 서울역 공덕 홍대입구 디지털 미디어시티 마곡나루

영종 청라국제도시 검암 계양 김포공항

평당 700

운서 공항화물청사 **인천공항 1터미널** 인천공항 2터미널 공항

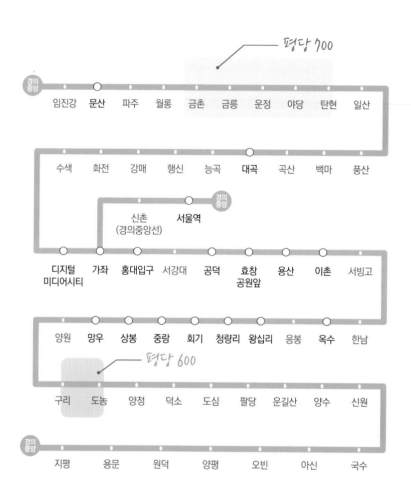

평당 700

| 경의중앙 | 임진강 | 문산 | 파주 | 월롱 | 금촌 | 금릉 | 운정 | 야당 | 탄현 | 일산 |

| 수색 | 화전 | 강매 | 행신 | 능곡 | 대곡 | 곡산 | 백마 | 풍산 |

신촌
(경의중앙선)　서울역　경의중앙

| 디지털미디어시티 | 가좌 | 홍대입구 | 서강대 | 공덕 | 효창공원앞 | 용산 | 이촌 | 서빙고 |

| 양원 | 망우 | 상봉 | 중랑 | 회기 | 청량리 | 왕십리 | 응봉 | 옥수 | 한남 |

평당 600

| 구리 | 도농 | 양정 | 덕소 | 도심 | 팔당 | 운길산 | 양수 | 신원 |

| 경의중앙 | 지평 | 용문 | 원덕 | 양평 | 오빈 | 아신 | 국수 |

아투연 친구업체

경의중앙선 - 운정비즈센터(평당 800내외) GTX교통호재 및 최초지산

MEMO

지식산업센터
자주 묻는
50개 질문 모음집

초판 1쇄 인쇄 ┃ 2020년 4월 30일
초판 1쇄 발행 ┃ 2020년 4월 30일

지은이 ┃ 도정국 장영광 임원재 박시형
감수 ┃ 강경훈

편집기획 ┃ 장영광
디자인 ┃ 장찬주
발행처 ┃ 청춘미디어

출판등록 ┃ 2014년 7월 24일
전화 ┃ 010 3630 1353
문의 ┃ 29rich@naver.com

ISBN 979 - 11 - 87654 -780